LETTRES HISTORIQUES.

IMPRIMERIE DE GUIRAUDET ET JOUAUST,
rue Saint-Honoré, 315.

LETTRES HISTORIQUES.

A M. MOLÉ,

SUR

LA FIDÉLITÉ

ET LA

RÉFORME ÉLECTORALE,

PAR M. FRÉDÉRIC DOLLÉ,

Auteur de l'Histoire des six Restaurations françaises, et d'Une Promenade en Suisse.

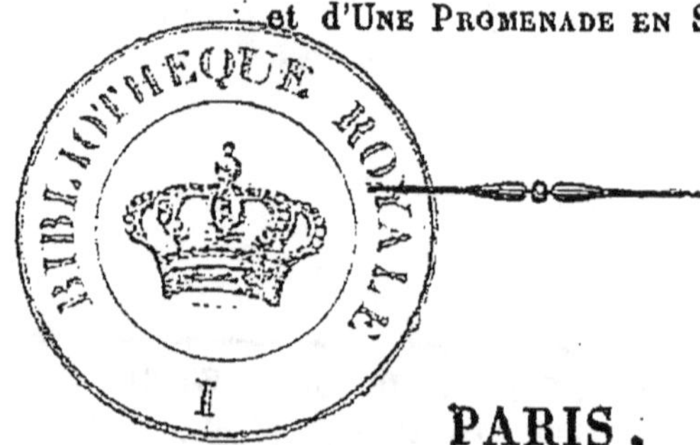

PARIS,

Chez { JUST TESSIER, quai des Augustins, 57 ;
DENTU, au Palais-Royal, galerie d'Orléans ;
SAPIA, rue de Sèvres, 16 ;

Et se trouve :

Chez { DELPECH, à Bordeaux ;
SÉNAC, à Toulouse.

Décembre 1838.

A M. MOLÉ,

SUR

LA FIDÉLITÉ

ET LA

RÉFORME ÉLECTORALE.

Le premier hommage que nous devions à la mé-
moire de nos aïeux est de profiter de leur exemple.
NAUDET.

Je n'ai jamais séparé la liberté du peuple de la
puissance *légitime* du monarque.   MOUNIER.

On est électeur par son existence dans la société,
et on doit être éligible par la seule confiance des
électeurs.   THIERS.

Louis XVI est le restaurateur de la liberté française.   (*Conseil municipal de la ville de Paris.*)

Je vote pour la mort de Louis XVI.
(Le duc d'Orléans à la Convention.)

—

MONSIEUR LE COMTE,

L'approche d'une session dans laquelle la
question importante de la réforme électorale va sans doute être discutée sérieuse-
ment me fait prendre la liberté de vous

adresser quelques conseils qui me sont dictés par un sincère amour de mon pays , et par l'admiration que je professe pour votre illustre famille ; il n'est pas un homme monarchique en France qui ne conserve une juste gratitude envers vos pères et envers vous-même, Monsieur le comte , qui, après vous être un instant laissé étourdir par le bruit du canon victorieux de Bonaparte , avez eu si à propos besoin de vous reposer à Plombières pendant les Cent Jours, pour venir ensuite déposer aux pieds du trône des Bourbons les hommages et le dévoûment d'un loyal sujet. Vos aïeux ont tous eu la gloire de servir fidèlement la royauté légitime en France , et il ne devait pas alors vous être possible de dégénérer; c'est aussi ce que vous pensiez en refusant de nouveau le secours de vos lumières à l'usurpateur, pour accepter le portefeuille de la marine que vous offrait le roi Louis XVIII.

Aucun royaliste n'a oublié , Monsieur le

comte, que Guillaume Molé, votre ancêtre, sut résister courageusement à l'usurpation qui trônait à Paris ; qu'en 1429 il ouvrit les portes de Troyes à Charles VII *déchu*, et que de son zèle dans cette occasion dépendit peut-être le succès de la restauration de ce prince, qui se rendait à Reims pour y être sacré, comme l'avait prédit Jeanne d'Arc, envoyée de Dieu pour sauver la France de l'usurpation et de la guerre civile, et aussi pour confondre ses ennemis qui se croyaient éternellement vainqueurs parce qu'ils avaient d'innombrables soldats qui rendaient la justice à coups de sabre ; mais la houlette de la bergère de Vaucouleurs, aidée de la fidélité de votre aïeul, triompha de l'épée exterminatrice des factions, et ce fait est sans contredit une des plus brillantes perles de la couronne que vous portez.

Edouard Molé, dans les funestes événements de 1589, après avoir été emprisonné à la Bastille avec les membres les plus distingués de sa compagnie , prêta serment aux Ligueurs ; mais personne n'ignore que, semblable à ces pieux missionnaires qui reniaient le Christ pour entrer au Japon et y convertir des infidèles , ce n'ait été pour se mettre en meilleure position de travailler au retour du roi et de la paix. Il disait au duc de Mayenne : « Je suis bon Français, » et perdrai la vie et mes biens devant que » de jamais être autre. » En effet , aucun homme ne fit plus de généreux efforts pour amener l'abjuration et la restauration de Henri IV ; c'est sur ses conclusions que fut rendu le fameux arrêt du parlement qui donnait une nouvelle vigueur à la constitu- tion du royaume en déclarant que la cou- ronne de France ne peut jamais passer sur aucune autre tête que sur celle de son roi légitime, « à l'exclusion des femmes et des étrangers. » Aussi ce prince nomma-t-il Edouard Molé président à mortier du par- lement de Paris, charge qui est restée dans votre famille , Monsieur le comte , jusqu'à ce que la révolution de 1789 vint la lui ôter avec la tête de votre père.

Mathieu Molé prit un instant parti pour les Frondeurs contre Louis XIV enfant que son opposition avait contribué à faire sortir de Paris devant plus de deux mille barricades ; mais il ne tarda pas à quitter le parti du duc d'Orléans , de Gondi et autres factieux , pour servir avec courage et fidélité le roi légitime ; il contribua plus que personne à sa rentrée à Paris , après cette sanglante et ridicule comédie que le cardinal de Retz a si bien nommée un *galimatias politique*, mot qui s'est changé de nos jours en celui de *gâchis*, jeté à la fin du système actuel , et en plein parlement , par un maréchal de France !

M. Molé de Champlâtreux , votre père , a péri sur l'échafaud révolutionnaire, victime de sa fidélité à nos rois légitimes , et de même que ses aïeux, il mourut en emportant au ciel

la consolation d'avoir fait son devoir en tra-
vaillant à la restauration de Louis XVIII ,
comme ses ancêtres avaient travaillé à la
restauration de Charles VII , de Henri IV et
de Louis XIV !

Quand on est assez heureux pour avoir
une généalogie si noble , si illustre que la
vôtre , Monsieur le comte ; quand le sang
des Nicolaï et des Lamoignon coule dans les
veines , la position est honorable et glorieuse , sans doute ; mais aussi , que de devoirs
elle impose à ceux qui ne veulent pas dégénérer ! Et à vous dire toute la vérité , comme je la dois , en mon âme et conscience ,
au descendant de royalistes si vertueux , je
crois que tout l'embarras de votre position
actuelle vient de ce que vous n'avez pas suivi l'exemple de vos ancêtres , qui ont mis
leur gloire à servir la royauté légitime et nationale de la France ; de ce que , pour vouloir vous illustrer d'une autre manière
qu'eux peut-être , vous avez renié votre

, vos amis, votre famille, pour vous
lans le parti des factions populaires
iprès vous avoir flatté et désiré un in-
par intérêt, vous dédaigne et vous dé-
aujourd'hui : votre illustration leur a
é le pouvoir, et maintenant qu'ils s'en
mparé, ils veulent le conserver sans
C'est incontestablement de l'égoïsme,
cela doit toujours arriver ainsi. « Le
d'Orléans a appris, dit Anquetil, à
i doivent s'attendre les sujets les plus
és, les princes du sang même, quand
e séparent du roi. C'est du trône qu'ils
at tout leur éclat, et s'ils accoutument
peuples à mépriser l'autorité, tôt ou
ils sont punis par le mépris où ils
bent eux-mêmes. »
effet, Monsieur le comte, c'est vous-
qui avez creusé l'abîme qui menace de
engloutir, si vous ne remontez promp-
t jusqu'à l'exemple de vos ancêtres.
si vous et vos amis aviez dit, com-

me Mathieu Molé en 1650 : « Je vais faire
» tous mes efforts pour empêcher le retour
» du ministre haï ; je dirai la vérité, après
» quoi il faudra obéir au roi ; » alors il n'y aurait peut-être pas eu de révolution de juillet,
alors, comme votre aïeul, vous seriez de-
meuré le sujet fidèle (1) d'une race de rois
qui n'a mis que huit siècles pour *constituer*
la France telle qu'elle était sous Louis XIV,

(1) Vous avez bien raison, Monsieur le comte, de donner aujourd'hui à pleines mains des croix *d'honneur* aux
serviteurs du régime actuel : la fidélité est toujours hono-
rée sans ces hochets. Que dirait-on aujourd'hui même,
où l'on semble adorer l'apostasie, si MM. de Larochejac-
quelein , de Villèle, de Châteaubriand , de Dreux-Brézé,
de Peyronnet, de Saint-Roman , de Fitz-James , de Noail-
les, de Bonald, de Larochefoucauld, Hyde de Neuville, de
Lévis, de Monthel, de Montmorency, de Pastoret, de Dam-
pierre, Berryer, etc. , acceptaient des fonctions de Louis-
Philippe ? On les mépriserait ; et on les honore *quand même !*... En revanche, s'inquiète-t-on si MM. Barthe , Thiers
et compagnie sont arrivés au pouvoir à l'aide de toutes
sortes de serments ? Leur palinodie semble aussi naturelle
que la fidélité des hommes d'honneur que nous avons
nommés plus haut.

c'est-à-dire beaucoup plus grande, beaucoup plus florissante que depuis le règne des *entrepreneurs de félicité publique*. L'honneur et le devoir vous imposaient cette ligne de conduite, Monsieur le comte; vous avez fui la route royale pour passer bravement au milieu des bois et des ravins, où vous avez dû rencontrer mille et un dangers, sans compter les voleurs; et, après vous être donné bien de la peine, après avoir laissé un peu de votre réputation à chaque combat, un peu de vos broderies à chaque broussaille, il vous faudra peut-être revenir au point de départ. C'est du moins mon avis.

La révolution *bâclée*, il vous restait un moyen d'améliorer votre position : c'était d'assembler les états-généraux. Les députés qui se réunirent à Pontoise en 1561 prévirent le cas où vous vous êtes trouvé alors. Ils décidèrent que « lorsqu'un roi serait in-
» capable de régner par lui-même, le pre-

» mier prince du sang convoquerait la na-
» tion, sous peine d'être réputé traître en-
» vers l'état. »

Si vous aviez agi ainsi, Monsieur le comte, votre position serait du moins logique,
tandis qu'aujourd'hui elle est des plus
fausses, et vous n'aurez jamais ni ordre, ni
monarchie, ni liberté avec les seuls élé-
ments que vous employez. Si encore vous
vous étiez franchement fait homme du peuple comme le marquis de Lafayette, ou
comme Louis-Philippe d'Orléans, qui a volontairement renié sa famille et les fleurs de
lys; si vous aviez eu la honte d'effacer vos
armoiries des panneaux de votre voiture, et
le courage de renoncer aux biens, titres et
fortune que vous tenez des Bourbons ac-
tuellement exilés; si enfin vous ne vous fai-
siez pas gloire de votre illustre origine, on
oublierait peut-être votre enthousiaste erreur; mais, loin de là, vous voulez être
tout à la fois homme du peuple et grand sei-

gneur ; vous restez le premier ministre d'u-
ne révolution qui a renversé le trône des
petits-fils d'Henri IV et de Louis XIV, qu'É-
douard et Mathieu Molé ont relevé, et vous
avez écrit les lignes suivantes en leur honneur :

« O grand homme ! (Mathieu Molé) il ne
» m'est permis de te louer qu'en racontant
» tes actions ! Dès l'âge le plus tendre, je
» m'appliquai à te connaître, et *je portai le*
» *poids de ton exemple.....* Ne crains pas,
» mon père, que je t'oublie. Tu fus juste
» parmi les justes, et *le crime*, en te pre-
» nant pour victime, s'est montré équitable
» envers toi. Si, du séjour où tu habites, tes
» regards s'abaissent encore sur la terre,
» puisses-tu les reposer sur un fils que tu
» trouves *digne de toi !* Puissent tes regards
» le soutenir dans la carrière, et, quand il
» atteindra le terme, lui voir rendre avec
» honneur le nom que tu lui as transmis ! »
Je vous l'avouerai franchement, Monsieur

le comte ; si Mathieu Molé exauçait vos
vœux, je craindrais pour vos épaules la
touchante réponse que le maréchal de Bro-
glie regrettait ne pouvoir écrire à son fils.
Et, avec la meilleure volonté du monde, je
ne pourrais le blâmer de cet acte de sévère
justice ; moi homme de conscience et de la-
beur, moi homme du peuple, je rougirais
de votre conduite politique ; car vous êtes
volontairement entré en complicité avec
les *criminels* juges de votre père, qui est
mort en défendant le roi dont vous avez
banni l'auguste fille, cet ange double-
ment exilé, qui voyage sur la terre sous
le nom mille fois béni de Marie - Thé-
rèse !...

Mais là n'est pas le seul motif qui m'a fait
prendre la liberté de vous écrire. Votre position est déplorable, Monsieur le comte,
et voici le remède que la reconnaissance
que tout bon Français doit aux services ren-
dus à la monarchie française par vos aïeux

m'inspire aujourd'hui pour vous en faire sortir avec gloire.

Votre dernier avénement au ministère a été accueilli avec de justes marques de satisfaction, parce que vous avez donné une *petite* amnistie qui devait *concilier* tous les partis, si les lois de septembre eussent été rapportées. Maintenant, il n'y a plus que l'initiative de LA RÉFORME ÉLECTORALE (1) qui puisse vous faire sortir triomphant de la

(1) Je ne devrais peut-être pas prendre la parole sur la réforme électorale après tout ce qu'ont dit de judicieux et de national sur cette question les feuilles royalistes de Paris et des provinces, sans oublier le noble vicomte de Larochefoucauld, qui a si dignement démontré la nécessité de cette réforme, en demandant au ministère qu'il ose appeler «la société française tout entière au salut de la société.» Mais ce sujet m'était tracé d'avance dans le plan de mes *Lettres historiques*, et je n'ai pu m'échapper à moi-même sans dire quelques mots de cette grande question, sur laquelle les chambres vont être appelées à se prononcer. Une partie de cette lettre a déjà été publiée par l'excellente *Gazette du Berri*, au mois de juin dernier. Je ne m'en souviens que pour prendre date.

crise actuelle. Cette mesure est juste et é-
quitable , elle est demandée par des hommes sages et indépendants ; si vous attendez , que pourrez-vous alléguer lorsqu'elle sera réclamée par les chambres el-
les-mêmes ? Ne vaut-il pas cent fois mieux
que vous en preniez l'initiative , puisque ce
n'est véritablement qu'une *restitution* faite à
la constitution de la France, que de vous la
voir arracher comme une concession qui
vous perdrait également dans l'esprit de
vos amis et de vos adversaires. Quel est le
député qui oserait, en 1838 , contredire ces
paroles prononcées en 1789 par Mirabeau :

« N'oublions jamais que nous devons con-
» sulter et non dominer l'opinion publique ;
» n'oublions jamais que nous sommes les re-
» présentants du souverain, mais que nous ne
» sommes pas le souverain : car un citoyen ne
» peut jamais perdre le droit de participer à la
» représentation, et d'élire électeur ou éligible,
» sans que la liberté de la nation soit violée. »

Au seizième siècle, il y eut un homme de sens et de savoir, qui dit à ses concitoyens : « Vous êtes dans l'erreur, le soleil est fixe : » c'est la terre qui tourne. » Cet homme, qui était seul de son avis, fut emprisonné par le pouvoir, persécuté par ses concitoyens : et pourtant la terre tourne ! et pourtant tous ont fini par reconnaître cette vérité !

Ce qui est arrivé au seizième siècle pour Galilée, Monsieur le comte, se représente de nos jours pour les Royalistes. Parce qu'ils ont demandé la réforme électorale, ils ont été emprisonnés et persécutés par le gouvernement, ainsi que par un grand nombre de leurs concitoyens : et pourtant ils sont dans la vérité lorsqu'ils disent que la France a une constitution par laquelle aucun contribuable ne doit être imposé arbitrairement ! et pourtant ils sont dans la justice quand ils demandent que tous les Français soient égaux en droits comme en devoirs. S'il existe véritablement des *droits contre lesquels rien ne saurait préjudicier*, en première ligne de ces droits il faut incontestablement mettre celui pour tout contribuable de consentir les dépenses qu'il paie; autrement, les Français ne seraient tous égaux que sous le même despotisme.

Voyez, Monsieur le comte :

Nous payons plus d'un milliard pour solder une armée composée de nos fils et de nos frères, laquelle armée doit défendre le pays;

Nous payons des contributions personnelles et mobilières pour obtenir la sécurité de nos domiciles;

Nous payons plusieurs millions de fonds secrets pour salarier une police qui nous protége contre les malfaiteurs;

Nous payons des impôts pour tout ce que nous buvons, pour tout ce que nous mangeons, pour la laine qui nous couvre, pour le toit qui nous abrite;

Nous payons pour acquérir, pour hériter, pour naître, pour mourir;

Nous payons des droits de passeport pour vaquer à nos affaires;

Nous payons des droits de patente pour entrer dans le commerce;

Nous payons un droit universitaire pour faire instruire nos enfants, sans pouvoir choisir les maîtres qui leur sont donnés;

Nous donnons tous les ans plusieurs journées de notre travail personnel pour l'entretien des chemins, ce qui est une véritable corvée rachetable à prix d'argent, comme au temps de Philippe-le-Bel;

Nous devons faire dans la garde nationale un service actif, assister aux prises d'armes, aux exercices, aux revues, aux piquets, le tout d'obligation, sous peine d'emprisonnement et d'amende.

Malgré tous ces sacrifices et bien d'autres encore que j'ai sans doute omis, les Français sont condamnés à l'ilotisme politique, nous sommes inféodés à 80 mille censitaires qui exploitent des droits qui appartiennent à 10 millions de contribuables. Cet état de choses est intolérable, et il ne peut durer long-temps encore, malgré toutes les oppositions réunies au nom de quelques intérêts matériels froissés.

Vos journaux ont dit, Monsieur le comte, que les Royalistes demandaient la réforme électorale, dans la seule intention d'embarrasser *le ministère qui n'est pas de leur choix ;* c'est une supposition vraisemblable pour quelques uns peut-être, mais il n'y a pas de supposition plus probable que celle-ci. Puisque les hommes de Juillet repoussent l'intervention de la nation dans les affaires du pays, c'est qu'ils craignent son jugement. D'ailleurs, s'ils trouvent la mesure de la réforme juste et équitable, qu'ils la demandent avec les Royalistes, qu'ils l'obtiennent surtout, et nous verrons qui d'eux ou de nous devra davantage s'en réjouir.

Qu'oppose-t-on encore aux Royalistes? Que, sous l'ancien régime, les rois n'avaient recours aux assemblées nationales que lorsqu'elles étaient d'une urgence indispensable? Mais c'est avouer qu'elles étaient nécessaires quelquefois. Pourquoi donc aujourd'hui nier *à tout jamais* cette nécessité? C'est leur opportunité seule qu'il faut discuter.

On dit aussi que les états-généraux n'étaient assemblés que de très loin en très loin? Mais alors qui vous empêche de les rendre périodiques. Au lieu de faire une révolution en 1789, c'est seulement cette périodicité qu'il aurait fallu établir; les abus qui n'auraient pu être détruits une année l'auraient été à l'assemblée prochaine, et l'on n'aurait pas emprisonné, banni et égorgé plusieurs millions de Français pour obtenir la réforme de quelques lois ou règlements vicieux.

On objecte encore, je crois, le trop grand

nombre d'ayant-droit? Mais qui empêche d'établir plusieurs degrés d'élection, dont le premier pourrait être dans la commune : là, tout le monde se connaissant, il n'y aurait aucune chance de succès pour les intrigants et les ambitieux qui veulent dépayser les électeurs, afin de les tromper, et de faire de la députation le marchepied des honneurs et du pouvoir; la France y gagnerait des mandataires intègres et désintéressés; Benjamin-Constant l'a dit avec raison : « *Le patriotisme local est le seul qui soit* » *vrai.* »

Le *Journal des Débats* disait dernièrement (1) que la loi électorale actuelle « *s'appuyait sur la propriété et sur l'intelligen-* » *ce.* » Mais cet appui ne sera que plus solide lorsque *tous* les propriétaires seront admis à l'exercice des droits électoraux : car le pauvre qui n'a que pour cent écus de ter-

(1) Le 25 septembre 1838.

re, et qui conséquemment ne paie que 2 ou 3 fr. de contributions directes, a tout autant d'intérêt à les conserver que celui qui en possède pour cent mille écus. Les *Débats* disaient aussi le même jour : « Le prin-» cipe de la réforme est descendu un beau » matin dans la rue, aux applaudissements » de quelques journaux. » D'abord le beau matin dont parle le *Journal des Débats* date de douze siècles au moins, et les rédacteurs de cette feuille ne l'ignorent pas plus que nous : ils l'ont même souvent avoué. La réforme est descendue dans la rue, aux applaudissements de quelques journaux, dites-vous ! Mais c'est la garde nationale qui a maintenu l'ordre, et c'est la garde nationale qui vous demande des droits politiques !... Quant aux QUELQUES journaux qui demandent un *complet bouleversement*, je ne vois guère que le *Journal des Débats* et deux ou trois autres feuilles salariées qui veulent l'empêcher. Que M. Bertin y prenne garde :

en 1830 , l'opposition comptait dans ses rangs le *Constitutionnel*, le *Courrier Fran-çais*, le *Temps*, la *Gazette de France*, le *National*, et, si je ne me trompe, tous ces journaux font encore aujourd'hui de l'opposition. Le *Journal des Débats* tout seul ne peut pas vouloir avoir raison contre tous ; il est trop modeste pour cela, et d'ailleurs son cœur est si volage, si inconstant, que je ne désespère pas au premier jour de lui voir aimer la réforme , ce qui ne sera qu'une palinodie de plus de la part de celui qui , sous la même rédaction , a chanté Bonaparte et Louis XVIII, selon que l'un ou l'autre était victorieux.

Comme vous le voyez, Monsieur le comte, il n'y a aucune opposition sérieuse à la réforme électorale, qu'elle soit faite au profit de *tous les propriétaires* ou de *tous les gardes nationaux*, et l'objection du *Journal des Débats* sur les intelligences me semble au moins oiseuse, puisque la loi actuelle n'enjoint aucune preuve de capacité, ce dont il est facile de s'apercevoir en analysant la science d'un grand nombre de membres de la chambre actuelle. D'ailleurs, comme on l'a dit il y a long-temps, il n'y a pas de droit contre le droit : si la réforme électorale est une chose *juste et équitable*, il faut la vouloir ou la subir, ou bien proclamer franchement le règne du bon plaisir.

Dira-t-on maintenant qu'il n'y a que les Royalistes qui réclament exclusivement la réforme électorale ? Nous croyons, au contraire, que tous les hommes indépendants sont d'accord pour la vouloir. Dernièrement un journal dont on ne suspectera pas la partialité pour *l'ancien régime*, le *Bon Sens*, écrivait les lignes qui suivent :

« Nos pères considéraient l'élection com-
» me un droit social dont nul n'était exempt,
» dont nul ne pouvait se dispenser sans se
» rendre coupable d'un grave délit.

» Les formes consacrées par un long usa-

» ge pour le choix des magistrats, la durée
» de leurs fonctions et les limites de leurs
» attributions furent appliquées aux élec-
» tions des mandataires aux états-géné-
» raux. Leur nomination ne résultait point
» d'une simple opération de chiffres, mais
» d'un mandat impératif et motivé ; ils
» n'agissaient et ne pouvaient agir que
» dans les limites tracées par ce mandat
» dans l'intérêt de la localité, de la provin-
» ce, de *l'état tout entier*. La France du XVe
» siècle avait un sentiment plus vif de ses
» droits que la France du XIXe siècle : *il y*
» *avait dans ce temps-là une assemblée qui é-*
» *tait le résultat d'un vote général et libre.* Le
» village et la grande cité avaient concouru
» par leur suffrage à l'élection de leurs man-
» dataires, toutes les populations avaient so-
» lennellement émis leur voix ; les Français
» de toutes les classes avaient librement ex-
» primé leur volonté pour la réforme des
» abus. »

Ecoutez aussi, Monsieur le comte, un de nos plus savants historiens, M. Augustin Thierry :

« Que n'imitons-nous l'exemple de nos
» aïeux ? dit-il. Nos aïeux, c'étaient ces
» artisans qui fondèrent les communes et
» imaginèrent la liberté moderne. Nos aïeux
» n'étaient pas loin des mœurs présentes de
» l'Amérique ; ils en ont eu la simplicité, le
» bon sens, le courage civil. Il ne tint pas
» à ces hommes énergiques que toute l'Eu-
» rope ne devînt franche il y a six siècles ;
» si ce qu'ils voulaient ne fut point, ce fut
» la faute des temps, et non leur faute. »

Cependant quelques hommes ignorants ou de mauvaise foi prétendent que les royalistes ne sont libéraux que depuis la révolution de 1830 (1), et seulement pour faire

(1) Ma deuxième lettre, intitulée : CHARLEMAGNE ET LOUIS-PHILIPPE, et ma quatrième A M. PERSIL, *sur la Constitution du Royaume*, répondent péremptoirement, j'espère, à cette ridicule accusation.

une malicieuse opposition aux hommes de Juillet.

D'abord, les Royalistes auraient toujours raison de demander au gouvernement qui se dit issu de la souveraineté du peuple des droits politiques pour tous les Français. Mais il n'en est point ainsi; c'est une calomnie gratuite de la part de nos gouvernants actuels, qui, comme vous le savez mieux que personne, Monsieur le comte, n'en sont pas avares. Toutes nos assemblées nationales en font bonne justice, et il faut dire qu'il n'y eut même pas toujours que les seuls contribuables qui furent appelés à faire partie de nos états-généraux : *les hommes de bras* y furent convoqués sous Louis XIV. Les guerres de la Fronde, de la succession d'Espagne, les troubles causés par les protestants, toute l'Europe à vaincre, nos frontières des Alpes, du Rhin et des Pyrénées à faire ou à consolider, telles sont les excuses honorables que l'histoire peut alléguer en faveur du grand Roi, qui s'est passé du secours et des conseils des assemblées nationales pendant son règne. Mais, sous la régence du duc d'Orléans, tout le monde demandait une convocation d'états-généraux. Ce prince, subjugué par l'infâme Dubois, s'y refusa, et la France fut attachée pour soixante-quinze nouvelles années au chevet du lit de débauche de l'élève du duc d'Orléans : et ici il y a véritablement crime national, puisque, pendant le long règne du régent et de Louis XV, il n'y eut aucune glorieuse compensation à la violation de la constitution du royaume.

En 1788, comme aujourd'hui, il se trouva des hommes de monopole et d'exclusion qui prétendirent conserver leurs priviléges, parce que les états-généraux avaient resté cent cinquante ans sans être convoqués ; mais Mounier (1) leur répondit avec raison : « Nous

(1) Mounier aux états de Vizille, en Dauphiné, le 21 janvier 1788.

» avons le droit de revendiquer nos libertés
» nationales, eussions-nous été pendant dix
» mille ans le plus asservi des peuples. »

De son côté le parlement de Paris, dans son
arrêté du 5 décembre 1788, disait : « Le sei-
» gneur roi est supplié de ne plus permettre
» aucun délai pour la tenue des états-géné-
» raux, et de considérer qu'il ne subsisterait
» aucun prétexte d'agitation dans les esprits,
» s'il lui plaisait, en faisant cette convoca-
» tion, de déclarer et consacrer : Le retour
» périodique des états-généraux, et leur ob-
» ligation envers les peuples de n'accorder
» aucun autre subside qui ne soit défini pour
» la somme et pour le temps ; — la respon-
» sabilité des ministres ; — la liberté indivi-
» duelle ; — la liberté de la presse, etc. » Le
27 août du même mois parut une ordon-
nance du roi qui convoquait les états-généraux, et dans laquelle on trouve ces disposi-
tions : « 1° Les députés aux prochains états-
» généraux seront au moins au nombre de

» mille ; le nombre des députés du tiers-état
» sera égal à celui des deux autres ordres
» réunis (1). »

Louis XVI ouvrit en personne la session des états-généraux, le 5 mai 1789. Les paroles qu'il prononça dans cette occasion ne peuvent être relues sans la plus vive émotion, lorsqu'on se souvient surtout que les paternelles intentions de ce roi ont été si odieusement récompensées. Ecoutons Louis XVI :

(1) Dans un rapport à l'assemblée constituante (séance du 9 septembre 1789), Thouret dit que cette assemblée a été nommée par quatre millions cinq cent mille citoyens, qui n'ont eu à remplir, pour devenir électeurs et éligibles, que les formalités suivantes :

1° Être Français ou devenu Français ;

2° Être majeur ;

3° Être domicilié ;

4° Être contribuable en impositions directes ;

5° N'être pas pour le moment dans un état servile, c'est-à-dire dans des rapports personnels trop incompatibles avec l'indépendance nécessaire à l'exercice des droits politiques.

« Messieurs, ce jour que mon cœur at-
» tendait depuis long-temps est enfin arrivé,
» et je me vois entouré des représentants de
» la nation à laquelle je me fais gloire de com-
» mander. Tout ce qu'on peut attendre du
» plus tendre intérêt au bonheur public, tout
» ce qu'on peut demander à un souverain, le
» premier ami de ses peuples, vous pouvez,
» vous devez l'espérer de mes sentiments.
» Puisse, Messieurs, un heureux accord
» régner dans cette assemblée, et cette
» époque devenir à jamais mémorable pour
» le bonheur et la prospérité du royaume !
» C'est le souhait de mon cœur, c'est le plus
» ardent de mes vœux, c'est enfin le prix
» que j'attends de la droiture de mes inten-
» tions et de mon amour pour mes peuples. »

Comme j'ai pour habitude de donner la
preuve de chacune de mes assertions, je
vais prendre la liberté de vous rappeler,
Monsieur le comte, une partie des actes of-
ficiels qui ont précédé et suivi la convoca-

tion des états-généraux de 1789, en commençant par les articles suivants du règlement de Louis XVI ; ils feront ressortir mieux que les raisonnements tout ce que les Français ont perdu en deçà de l'échafaud du roi-martyr :

« Art. 25. Les paroisses et communautés, les bourgs, ainsi que les villes non comprises dans l'état annexé au présent règlement, s'assembleront dans les lieux ordinaires des assemblées, et devant le juge du lieu, ou, en son absence, devant tout autre officier public, *à laquelle assemblée auront droit d'assister tous les habitants, nés Français ou naturalisés, âgés de vingt-cinq ans, domiciliés et compris au rôle des impositions*, pour concourir à la rédaction des cahiers et à la nomination des députés.

» Art. 26. Dans les villes dénommées à l'état annexé au présent règlement, les habitants s'assembleront d'abord par corporation, à l'effet de quoi les officiers municipaux seront tenus de faire avertir, sans ministère d'huissier, les syndics ou autres officiers principaux de chacune desdites corporations, pour qu'ils aient à convoquer une assemblée générale de tous les membres de leur corporation.

» Les corporations d'arts et métiers choisiront un député à raison de cent individus et au dessous, présents à l'assemblée; deux au dessus de cent; trois au dessus de deux cents, et ainsi de suite.

» Les corporations d'arts libéraux, celles des négociants, armateurs, et généralement tous les autres citoyens réunis par l'exercice des mêmes fonctions, et formant des assemblées ou des corps autorisés, nommeront deux députés à raison de cent et au dessus; quatre au dessus de cent; six au dessus de deux cents, et ainsi de suite.

» En cas de difficultés sur l'exécution du présent article, les officiers municipaux en décideront provisoirement, et leur décision sera exécutée, nonobstant opposition ou appel.

» Art. 27. Les habitants composant le tiers-état desdites villes, qui ne se trouveront compris dans aucuns corps, communauté ou corporation, s'assembleront à l'Hôtel-de-Ville, au jour qui sera indiqué par les officiers municipaux, et il sera élu des députés dans la proportion de deux députés pour cent individus et au dessous, présents à ladite assemblée; quatre au dessus de cent; six au dessus de deux cents, et toujours en augmentant ainsi dans la même proportion.

» Art. 28. Les députés choisis dans ces différentes assemblées particulières formeront à l'Hôtel-de-Ville, et sous la présidence des officiers municipaux, l'assemblée du tiers-état de la ville, dans laquelle assemblée ils rédigeront le cahier des plaintes et doléances de ladite ville, et nommeront les députés pour le porter aux lieu et jour qui leur auront été indiqués.

» Art. 30. Ceux des officiers municipaux qui ne seront pas du tiers-état n'auront dans l'assemblée qu'ils présideront aucune voix, soit pour la rédaction des cahiers, soit pour l'élection des députés; ils pourront néanmoins être élus, et il en sera usé de même à l'égard des juges des lieux, autres officiers publics qui présideront les assemblées des paroisses ou communautés dans lesquelles ils ne seront pas domiciliés.

» Art. 31. Le nombre des députés qui seront choisis par les paroisses et communautés de campagne, pour porter leurs cahiers, sera de deux à raison de deux cents feux et au dessous; de trois au dessus de deux cents feux; de quatre au dessus de trois cents feux, et ainsi de suite. Les villes enverront le nombre de députés fixé par l'état général annexé au présent règlement;

et, à l'égard de toutes celles qui ne s'y trouvent pas comprises, le nombre de leurs députés sera fixé à quatre. »

Les Bretons craignant, on ne sait trop pourquoi, d'être exclus du droit commun, le roi Louis XVI leur fit faire cette réponse : « S. M. a pensé qu'elle ne pouvait priver » ses sujets de Bretagne du *juste droit* qu'ils » ont *tous* d'être représentés à la prochaine » assemblée des états-généraux ; car ils sont » Français, et se sont montrés tels avec » honneur dans tous les dangers de l'état ; » ils participent à tous les intérêts de la mo- » narchie, ils sont associés à sa prospérité, » et doivent jouir de tous les avantages qui » résultent de la puissance. »

Ainsi, la Bretagne, comme tout le reste du royaume, fut régie par le règlement du 24 janvier 1789, dont je viens de citer les principaux articles, et qui reconnaît à « tous » les Français âgés de vingt-cinq ans, do- » miciliés et compris au rôle des imposi-

» tions, le droit d'assister aux assemblées
» électorales pour concourir à la rédaction
» des mandats et à la nomination des dé-
» putés. »

Vous voyez, Monsieur le comte, que les Royalistes ne veulent point d'innovations pour la France; qu'ils sont dans la vérité, dans la justice, dans la raison, quand ils demandent la *restitution* des priviléges imprescriptibles dont jouissaient nos pères et que personne n'a pu avoir le droit de leur ôter. Il en sera de même pour les mandats à imposer aux députés avant leur nomination, lesquels mandats doivent être sacrés (1). En 1789, les électeurs de Paris imposèrent à leurs représentants l'obligation de faire adopter ou respecter les principes qui suivent :

(1) C'est ainsi que l'ont compris les états du Cambrésis, qui, voyant les usurpations de l'assemblée réputée nationale, s'assemblèrent le 9 novembre 1789, et « déclarèrent » les pouvoirs des députés du Cambrésis à l'assemblée na- » tionale nuls et révoqués. »

« Nul impôt ne peut être établi que par la nation.

» Les états-généraux doivent être périodiques.

» Toute *personne qui sera convaincue d'avoir fait quelque acte tendant à empêcher la tenue des états-généraux sera déclarée traître à la patrie, coupable du crime de lèse-nation, et jugée comme telle.*

» La personne du monarque est sacrée et inviolable. La succession au trône est héréditaire dans la race régnante, de mâle en mâle, par ordre de primogéniture.

» La régence, *dans tous les cas*, ne pourra être conférée que par les états-généraux.

» Les ministres, ordonnateurs, administrateurs en chef des départements, seront responsables envers la nation assemblée en états-généraux de toute malversation, abus de pouvoir et mauvais emploi de fonds.

» La France sera divisée en assemblées

provinciales, formées de membres de la province *librement élus dans toutes les classes.*

» Les bourgs, les villages auront des *municipalités electives*, auxquelles appartiendra l'administration de leurs intérêts locaux. »

Un article déclare que rien ne sera modifié à cet ordre de choses que « par la na-
» tion elle-même ou par ses représentants,
» lesquels seront nommés *ad hoc* PAR L'UNI-
» VERSALITÉ DES CITOYENS. »

Les cahiers de la ville de Paris disaient encore : « L'ordre public ne souffre qu'une
» religion dominante. La religion catholique
» est la religion dominante en France. »

Un article défend, « *sous la loi de l'honneur*, à tout député aux états - généraux d'accepter, soit pendant leur tenue, soit dans les trois années qui suivent, aucunes places, gratifications ou pensions pour eux ou pour leurs enfants. »

Quant aux besoins particuliers de la ville de Paris, les électeurs demandaient « une administration composée de membres *librment élus par* TOUS *les citoyens*, et renouvelée tous les trois ans, formée à l'instar des assemblées provinciales, chargée des mêmes fonctions, et ayant les mêmes rapports avec les états-généraux.

« Qu'il soit élevé à Paris un édifice pour les états-généraux.

» Que sur le frontispice il soit écrit : *Palais des États-Généraux;* et que, sur le sol de la Bastille détruite et rasée, on établisse une place publique au milieu de laquelle s'élèvera une colonne d'une architecture noble et simple, avec cette inscription : A LOUIS XVI, RESTAURATEUR DE LA LIBERTÉ PUBLIQUE ! »

Voilà, Monsieur le comte, le mandat que les électeurs de la ville de Paris donnèrent à leurs députés en 1789. Vous remarquerez aisément que, s'il eût été suivi, nous n'aurions eu ni émeutes, ni révolutions, ni guerres civiles, ni guerres étrangères, ni usurpations, ni despotisme, et que nous ne gémirions pas sous le honteux monopole qui attache les trois quarts et demi des Français avec les chaînes conquises dans les cachots de la Bastille. Mais aucun des vœux des habitants de Paris n'a été exaucé par les constituants, qui ont à la fois usurpé les droits du roi et les droits de la nation.

Au lieu d'être votés par tous les contribuables, les impôts ont été décrétés par ordonnances, ou perçus à coups de sabre;

Les états – généraux, au lieu de devenir périodiques, ont été remplacés par des chambres composées de fonctionnaires et de monopoleurs qui ont exploité la France à leur profit;

Beaucoup d'illustres personnages se sont refusés à assembler les états-généraux, et ils n'ont pas encore été condamnés comme traîtres à la patrie et comme coupables du crime de lèse-nation;

Il n'y a point eu d'assemblées provinciales, et les administrateurs, au lieu d'être *librement élus*, sont à la merci d'un préfet ou d'un sous-préfet, qui lui-même est à la merci d'un ministre de l'intérieur, etc., etc. ;

Huit à dix constitutions ont été votées, abolies ou modifiées, sans le concours de *l'universalité des citoyens ;*

Le gouvernement monarchique a été remplacé par un autre gouvernement, sans le consentement de la nation ;

Les députés, méconnaissant la loi de l'honneur, ont reçu des places, des gratifications et des pensions pour eux, pour leurs enfants, pour leurs neveux, pour leurs cousins, pour leurs amis, et pour les amis de leurs amis ;

Les fonctionnaires se sont fourvoyés dans mille et une malversations ;

La personne du roi n'a pas été inviolable, et la succession au trône *dans la race de Louis XVI* a été interrompue trois ou quatre fois sans le concours de *l'universalité des citoyens ;*

La religion dominante, pour *cause d'ordre public*, a été abolie, et ses ministres ont été persécutés, livrés au bourreau ou bannis ;

Il n'a point été bâti de palais aux états-généraux ;

Une colonne s'élève en ce moment sur la place de la Bastille ; mais, au lieu d'être dédiée A LOUIS XVI, RESTAURATEUR DE LA LIBERTÉ PUBLIQUE, elle sera sans doute consacrée, si elle s'achève jamais, à l'insurrection victorieuse chassant devant elle les derniers descendants du roi-martyr, et l'on devra inscrire sur sa base : A CEUX QUI ONT DÉTRUIT LA LIBERTÉ PUBLIQUE RESTAURÉE PAR LOUIS XVI.

Il dépend peut-être encore de vous, Monsieur le comte, d'empêcher que tous ces malheurs se reproduisent ou se continuent, en abaissant les barrières élevées par le monopole et par un serment féodal aux révolutions ; tous les Français rentrant dans les droits qu'avaient nos pères, après un demi-siècle d'erreurs, nous réaliserons enfin toutes les pensées libérales contenues dans la déclaration du 23 juin. Vous avez l'exemple de ce que la scandaleuse violation des cahiers a produite en 1789 : depuis cette époque nous avons toujours été à reculons ; ce sera donc avancer que de ramener la France au jour où le conseil municipal de Paris adressait à Louis XVI le discours suivant :

« Sire, Philippe-le-Bel appela aux états-
» généraux ses fidèles communes : il fut
» notre premier bienfaiteur !

» Avec quelles tendres émotions de re-
» connaissance ne retentissent pas au fond
» de nos cœurs les noms chéris de Louis
» XII et de Henri IV, qui si souvent s'occu-
» pèrent de notre bonheur !

» Vous seul, Sire, vous seul savez affermir
» ce bonheur sur une base inébranlable ;
» c'est à vous seul que vos fidèles commu-
» nes en auront *l'éternelle* obligation ! et
» pour vous seul se perpétueront d'âge en
» âge, comme vos bienfaits, ces transports
» d'amour, de reconnaissance et d'admira-
» tion que vous nous inspirez, et, qu'heu-

» reuse par vous, partagera notre postérité
» la plus reculée. »

Je n'en doute pas, Monsieur le comte,
vous voudrez que ce testament politique de
nos pères reçoive sa pleine et entière exécution; vous voudrez que les finances de
notre pays ne soient plus gaspillées par une
chambre de monopoleurs; vous voudrez,
comme Louis-le-Hutin, que, « notre royau-
» me étant appelé le royaume des *Francs*,
» la chose soit accordante au nom. » Pour
cela, il suffit de deux choses : que tous les
Français rentrent dans le droit commun, et
que tous les fonctionnaires salariés sortent
de la chambre.

Allons, Monsieur le comte, n'imitez pas
les hommes de corruption et d'égoïsme qui
veulent éloigner la France de la connaissance de ses affaires. Ne soyez pas plus des-
pote que « les Francs, qui accordaient aux
» Gaulois, tout vaincus qu'ils étaient, dit Ma-
» bly, le droit d'assister aux assemblées
» nationales. » Un esprit aussi élevé que le

vôtre ne doit pas s'inquiéter des frayeurs que l'on feint d'avoir pour une convocation d'états-généraux qui terminerait inévitablement nos discordes civiles au lieu de les perpétuer, comme cela est déjà arrivé au quatorzième siècle : En 1358, une assemblée nationale, convoquée à Compiègne, porta remède à tous les maux et à tous les désordres dont le pays était affligé depuis une première assemblée dans laquelle des hommes pervers et égoïstes avaient fait de leur ambition la loi universelle. J'espère, ou plutôt j'ai l'intime conviction, que l'assemblée convoquée par vous, Monsieur le comte, aurait des résultats aussi satisfaisants pour la France. On comprend, jusqu'à un certain point, qu'après cent soixante-quinze années d'interruption, après les inquiétudes et les défiances jetées dans le peuple par le règne scandaleux et dilapidateur du régent d'Orléans et par les intrigues ambitieuses de son petit-fils Philippe-Egalité, l'assemblée nationale de 1789 ait pu amener un demi-siècle de troubles et d'usurpations, mais rien de semblable ne pourrait arriver aujourd'hui : éclairée par l'expérience, une nouvelle réunion générale redresserait au contraire tous nos griefs, et la France recouvrerait son calme et sa prospérité première. Il faudra bien en venir là un peu plus tôt un peu plus tard, Monsieur le comte, comme vous avez été obligé d'en venir à l'amnistie, et à la conversion des rentes : car il est impossible de croire que nos dix millions de contribuables consentent encore long-temps à se laisser exploiter par les représentants de 80 mille électeurs que vous fêtez à Paris pour qu'ils oublient la misère de leurs localités au milieu de vos somptueux banquets et de vos salons dorés, et dont vous enchaînez l'indépendance par des croix, des faveurs et des fonctions salariées incompatibles avec le mandat honorable qu'ils ont reçu de leurs commettants.

Si, dans le conseil que vous *devez* présider, *Quelqu'un* s'opposait à ce que vous prisiez l'initiative de la réforme électorale, proclamez-en la nécessité du haut de la tribune , comme M. Humann a eu le courage de le faire pour la conversion des rentes, et retirez-vous comme lui : votre patriotisme et votre loyauté seront alors à couvert, et la France électorale fera le reste. Mais , encore une fois, Monsieur le comte, dépêchez-vous de nous rendre justice , car cette garde nationale dont, en 1830 , vous avez déclaré les *baïonnettes intelligentes* , pourrait bien vous arracher la *restitution* de ses droits, s'il lui était bien démontré qu'il n'y a pas d'autre moyen de l'obtenir. N'attendez pas surtout que quelque nouveau Brutus, refusant l'impôt, se retire avec ses partisans, comme le premier tribun romain sur le mont Sacré, jusqu'à ce que le sénat permette à ses concitoyens de concourir à l'élection des magistrats chargés de veiller à la défense de leurs droits, car c'est véritablement alors qu'*il serait trop tard.*

Je suis heureux d'espérer, Monsieur le comte, que les Français ne seront pas obligés d'en venir à des extrémités si douloureuses, et que vous saisirez avec empressement l'occasion qui s'offre si belle de prouver à l'Europe que, si vous avez dégénéré de vos aïeux en faisant des cartouches avec les parchemins qu'ils ont obtenus par leur attachement à nos rois légitimes, vous avez été un homme de liberté, dont il faut plaindre les erreurs, mais dont on doit louer la bonne foi, en regrettant néanmoins que votre conduite politique éloigne de votre tête la glorieuse auréole qui ne cessera jamais d'ombrager le front de vos ancêtres, tant que la Fidélité et l'Honneur seront honorés sur la terre.

En attendant toutes les *conversions* et *restitutions* que j'attends, comme Français, de votre patriotisme, je vous prie de me croire, Monsieur le comte, le plus dévoué de vos serviteurs,

FRÉDÉRIC DOLLÉ,
62, rue d'Anjou-Saint-Honoré.

Paris, 21 décembre 1838.